AF313721

COLLECTION
B. NARISCHKINE

TABLEAUX

MODERNES & ANCIENS

VENTE

Le Lundi 4 Mai 1868

A DEUX HEURES PRÉCISES

EXPOSITIONS

PARTICULIÈRE, le Samedi 2 Mai 1868.

PUBLIQUE, le Dimanche 3 Mai 1868.

Mᵉ ESCRIBE
COMMISS.-PRISEUR
rue Saint-Honoré, 217

M. FRANCIS PETIT
EXPERT
rue Saint-Georges, 7

RENOU & MAULDE

IMPRIMEURS DE LA COMPAGNIE DES COMMISSAIRES-PRISEURS

Rue de Rivoli, 144.

CATALOGUE

DE

TABLEAUX

MODERNES & ANCIENS

Provenant de la Collection

DE

M. B. NARISCHKINE

DONT LA VENTE AURA LIEU

HOTEL DROUOT

SALLE N° 8

Le Lundi 4 Mai 1868

A DEUX HEURES PRÉCISES

Par le ministère de Me **ESCRIBE**, Commissaire-Priseur,
rue Saint-Honoré, 217,

Assisté de M. **FRANCIS PETIT**, Expert, rue Saint-Georges, 7,

Chez lesquels se délivre le présent Catalogue.

EXPOSITION PARTICULIÈRE

Le Samedi 2 Mai 1868, de 1 heure à 5 heures.

EXPOSITION PUBLIQUE

Le Dimanche 3 Mai 1868, de 1 heure à 5 heures.

PARIS — 1868

CONDITIONS DE LA VENTE

Elle aura lieu expressément au comptant.

Les Acquéreurs paieront CINQ POUR CENT, en sus du prix d'adjudication.

TABLEAUX MODERNES

BEAUME

1 — Virginie au bain.

Forme cintrée. — H. 1 m. 10 c. L. 70 c.

DE BLOCK

2 — Vieille Femme lisant.

H. 24 c. L. 17 c.

BONNINGTON

3 — Bateaux de pêcheurs à marée basse.

H. 36 c. L. 55 c.

N.-P. COLLIN

4 — Pifferare.

H. 20 c. L. 15 c.

DAUBIGNY

5 — Bords de la Marne ; effet de brouillard du matin.

H. 22 c. L. 38 c.

DE DREUX (ALFRED)

6 — Chef arabe et son cheval.

H. 64 c. L. 53 c.

EECKHOUT

7 — La Silhouette.

Composition de trois figures.

H. 1 m. L. 80 c.

ESCOSURA (LÉON Y.)

8 — Moine lisant.

H. 21 c. L. 16 c.

GIROUX (ACHILLE)

9 — Intérieur d'écurie.

H. 23 c. L. 46 c.

Ed. HILDEBRANDT

10 — Marine ; côtes de Hollande.

Composition importante.

H. 83 c. L. 17 c.

ISABEY

11 — Petit Port sur les côtes de Normandie ; des pêcheurs
poussent leurs barques à la mer.

H. 50 c. L. 66 c.

JUSTIN OUVRIÉ

12 — Vue d'Amsterdam.

H. 21 c. L. 31 c.

H. KOSSELOFF

13 — Le Marchand colporteur.

Scène russe.

H. 82 c. L. 1 m. 09 c.

LANDELLE

14 — Italienne à la fontaine.

H. 48 c. L. 31 c.

LEGRAND

15 — Femme du canton de Berne à la fontaine.

H. 40 c. L. 32 c.

LEGRAND

16 — Marchande de cerises; costume du canton de Berne.

H. 40 c. L. 32 c.

N. SCHIAVONI

17 — Femme couchée et endormie.

H. 65 c. L. 80 c.

DE SWERTCHKOW

18 — Hongrois chassant le loup.

H. 90 c. L. 1 m. 15 c.

TEN KATE (HERMANN)

19 — Les Fiançailles.

H. 73 c. L. 93 c.

TROYON

20 — Vue de la Vallée de la Toucques : Paysage et Animaux.

H. 50 c. L. 60 c.

TROYON

21 — Mare près d'un petit bois.

H. 33 c. L. 47 c.

ULYSSE

22 — L'Heure de la Promenade au parc.

H. 12 c. L. 18 c.

VERSCHUUR

23 — Cheval de trait dans une écurie.

H. 31 c. L. 25 c.

ÉCOLE BELGE

24 — Paysage et Animaux.

H. 45 c. L. 67 c.

ÉCOLE BELGE

25 — Paysage : la Rentrée des foins.

H. 45 c. L. 67 c.

26 — Une Prédication.

H. 45 c. L. 59 c.

TABLEAUX ANCIENS

ALBANI

27 — Composition allégorique.

H. 35 c. L. 48 c.

BALEN (van)

28 — Après la Vendange; scène d'enfants.

H. 24 c. L. 32 c.

DE BAR (bonaventure)

29 — Le Repos pendant la moisson.

(Vente Boitelle.)

H. 70 c. L. 90 c.

BASSAN

30 — Le Sacrifice de Noë.

H. 80 c. L. 88 c.

BRAKENBURG

31 — Le Concert au cabaret.

H. 50 c. L. 38 c.

BRAKENBURG

32 — Paysans hollandais attablés dans une taverne.

H. 50 c. L. 38 c.

BRÉDA (van)

33 — Bataille : l'attaque d'un Château.

H. 19 c. L. 25 c.

BRÉDA (van)

34 — La Visite au camp.

H. 19 c. L. 25 c.

BÉGA

35 — Intérieur de cabaret flamand.

H. 58 c. L. 48 c.

BOUCHER

36 — Nymphes endormies surprises par des Satyres.

H. 83 c. L. 68 c.

BOUCHER

37 — Le Sommeil de l'Amour.

Forme ovale. (Signé Boucher, 1754.)

H. 1 m. 00 c. L. 90 c.

BOUCHER

38 — Les Amours surpris; scène pastorale.

H. 1 m. 15 c. L. 1 m. 00 c.

BOUCHER

39 — La Famille du peintre.

Composition de quatre figures.

H. 33 c. L. 24 c.

BOUCHER

40 — La Famille du poëte.

Composition de quatre figures.

H. 33 c. L. 24 c.

CHARDIN

41 — La Ratière.

H. 46 c. L. 37 c.

CHARDIN

42 — La Souricière.

H. 46 c. L. 37 c.

DIÉTRICH

43 — Fête champêtre.

44 — Danse dans un parc.

Deux compositions de formes ovales.

H. 40 c. L. 32 c.

HUTIN (CHARLES)

45 — La jeune Ménagère; paysanne bavaroise.

H. 80 c. L. 56 c.

KLOMP

46 — Animaux au pâturage; effet de soleil couchant.

H. 50 c. L. 60 c.

KLOMP

47 — Animaux au repos près d'un bâtiment de ferme.

H. 50 c. L. 60 c.

LAJOUE

48 — Fontaine monumentale dans un parc.

H. 70 c. L. 87 c.

LALLEMAND

49 — Palais italien avec fontaine monumentale.

H. 80 c. L. 64 c.

LALLEMAND

50 — Statue équestre au milieu des ruines d'un palais, à Rome.

H. 80 c. L. 64 c.

LEBRUN (Mme VIGÉE)

51 — Portrait de Femme.

Forme ovale. — H. 53 c. L. 44 c.

LEBRUN (Mme VIGÉE)

52 — Portrait de Raphaël.

Copie d'après un portrait original de Raphaël.

H. 47 c. L. 35 c.

LEDOUX (Mlle)

53 — Petite Fille, marchande de gâteaux.

H. 43 c. L. 35 c.

LINGELBACH

54 — Le Cerf forcé.

H. 22 c. L. 28 c.

VAN LOO (JEAN-BAPTISTE)

55 — Portrait de Gaspard Duchange, graveur du roi et conseiller en son Académie royale de peinture. — Né à Paris, le 9 avril 1662.

Gravé par Dupuis (N. G.), son gendre.

H. 80 c. L. 64 c.

METZU

56 — Chasseur au repos tenant une perdrix morte que convoite son chien. Ses armes sont près de lui.

Collections : Leroy d'Étioles, D'Aigremont, Boitelle.

H. 49 c. L. 38 c.

PATER (ÉCOLE DE)

57 — Réunion galante dans un parc.

H. 28 c. L. 37 c.

POELEMBURG

58 — Paysage avec figures de Nymphe et Amour.

H. 15 c. L. 21 c.

REGEMORTER (VAN)

59 — Animaux au repos.

H. 14 c. L. 18 c.

REGEMORTER (VAN)

60 — Animaux au pâturage.

H. 14 c. L. 18 c.

RIGAUD

61 — Portrait d'Homme en buste.

Forme ovale. — H. 75 c. L. 56 c.

ROBERT-HUBERT

62 — Colonnade d'un temple en ruines.

Forme ovale. — H. 91 c. L. 70 c.

ROBERT-HUBERT

63 — Terrasse de parc dominant une vallée.

Forme ovale. — H. 91 c. L. 70 c.

ROBERT-HUBERT

64 — Pièce d'eau dans un parc.

H. 35 c. L. 40 c

STOFFE

65 — Rendez-vous de chasse.

H. 40 c. L. 48 c.

VERNET (JOSEPH)

66 — Paysage italien, avec figures.

H. 41 c. L. 27 c.

WATTEAU

67 — La Musette.

(Vente Boitelle.)

H. 42 c. L. 53 c.

VANDER WERF

68 — Lucrèce.

H. 27 c. L. 22 c.

ÉCOLE FRANÇAISE

69 — Panneau de voiture d'après un dessin d'Eisen.

H. 60 c. L. 58 c.

ÉCOLE FRANÇAISE

70 — Nature morte.

H. 40 c. L. 33 c.

ÉCOLE ITALIENNE

71 — La Vierge, l'Enfant Jésus.

H. 29 c. L. 23 c.

INCONNU

72 — Grisaille imitant une sculpture.

H. 40 c. L. 55 c.

INCONNU

73 — Nature morte : Livres, Mappemonde et Instruments
de musique.

H. 46 c. L. 38 c.

Renou et Maulde, imprimeurs de la Compagnie des Commissaires-Priseurs,
rue de Rivoli, 144.   14066